Catherine Grabowski

Le journal de Justin
QUEL CINÉMA !

avec les illustrations d'Hélène Badault

Unter go.cornelsen.de gibt es als Download:
– das Hörbuch zu *Quel cinéma!*
– passende Arbeitsblätter.
Gib einfach folgenden Webcode ein: **APMI-9062**.

Le problème avec les colos

Je suis en colo depuis hier. C'est une super colo dans un super endroit en Bretagne, et on va apprendre à tourner un film.

D'habitude, j'adore les films. Enfin disons… J'adore regarder des films. Mon père est abonné à CanalPlay. C'est payant mais c'est

5 génial. Quand je suis chez lui, on regarde souvent CINQ films pendant UN week-end, j'adore!

Ma mère n'aime pas ça. Elle dit que je regarde trop de films. Elle pense que je suis accro. Alors la colo, c'est son idée. Son idée pour me sauver de la télé. Elle pense qu'en colo, je vais faire du sport,

10 être dans la nature, dormir sous la tente, rencontrer d'autres jeunes. Elle m'a donné le catalogue et m'a dit «Choisis!». Mais quand ma mère dit «Choisis!», ça ne veut pas dire «Choisis une colo que tu aimes!», ça veut seulement dire «Ce n'est pas la peine de faire des commentaires, TU VAS ALLER EN COLO!».

15 Pour moi, le catalogue de colonies de vacances, c'était un peu comme la page des blockbusters sur Canal Plus, mais en version catastrophe!

Je déteste le sport, les soirées sous la tente, les groupes…
Bref, pour moi, la colo, ce n'est vraiment pas l'idéal…

Une colo cinéma

Alors quand j'ai lu « Colo cinéma en Bretagne », bien sûr, j'ai trouvé ça super cool ! C'était LA solution ! J'ai imaginé un truc un peu comme ça :

On échange la télé contre un grand écran.

On échange le popcorn contre une crêpe.

On échange le sofa contre une chaise longue.

On échange le salon de mon père contre la plage.

Mais… la réalité est un peu différente. On ne va pas au cinéma trois
5 fois par semaine (le prochain cinéma est à 35 kilomètres). On ne regarde pas de séries à la télé (il n'y a pas de télé). On ne peut même pas regarder des vidéos sur nos portables (dans le centre, les portables sont seulement autorisés entre 18 et 19 heures, et les animateurs sont très sévères avec les horaires !). On ne regarde donc
10 pas de films du matin au soir. Non, on va FAIRE un film ! On va écrire le scénario, on va jouer les rôles, on va tourner les scènes, on va faire le montage, on va enregistrer la bande-son… Un truc de fous ! Pour moi, c'est une catastrophe parce que j'adore regarder la vie des gens sur un écran… mais je déteste ÊTRE sur un écran !

4

Ici, tout le monde ne pense pas comme moi. J'ai vite compris que dans le groupe, il y a des gens qui aiment le programme !

Camille par exemple : elle est arrivée avec cinquante kilos de vêtements à la mode pour être sûre d'avoir le bon costume et elle joue déjà à la star.

Bois ça, et tu vas voir, tu vas devenir vert !

Ou Samuel : il est fan de sciences et a toujours une caméra Gopro sur la tête ! Il adore les machines et a plein d'idées pour faire des effets spéciaux !

Vous avez vu le paysage des Monts d'Arrée, derrière le centre ? C'est génial, on dirait Mordor.

Ou même Baptiste : il adore la fantasy et a vu « Le Hobbit » trente fois (au moins).

Moi, je ne suis pas comme eux. Moi, pour le rôle, j'aimerais plutôt jouer un arbre ou un rocher.

Monsieur Mézec

On a eu notre premier rendez-vous avec le prof de vidéo ce matin.
Il s'appelle M. Mézec et il est assez bizarre.

Il a la coupe de cheveux du héros de « Breaking Bad ».

Il a les yeux bleus et le regard qui tue de Docteur House.

Il a les oreilles des Gremlins.

Il a un imperméable noir avec une capuche comme Darth Maul dans « Star Wars ».

J'imagine que dans ses chaussures, il a les pieds de Gollum !

Bref, quand on le voit, on ne pense pas que c'est un gentil.

Quand il est arrivé, il a gardé son imper, et il a dit :
5 – Il nous faut un point de départ… Quel style de film est-ce que vous voulez faire ?
Une fille avec des lunettes, qui s'appelle Ségolène et que tout le monde appelle Sèg, a dit :
– On pourrait faire un reportage sur une énigme. Par exemple, on ne
10 retrouve plus une personne, et la famille paye un détective qui…
Mais elle n'a pas pu finir. Camille a demandé :
– Est-ce que je peux être la détective ?

6

Baptiste a eu une autre idée :

– On pourrait raconter l'histoire d'un homme qui découvre une bouteille sur la plage à marée basse. Dans cette bouteille, il y a une carte pour trouver un trésor ! Alors, il cherche le trésor, et il entre dans
₅ un monde fantastique avec des elfes et un roi qui…

Camille a trouvé ça super :

– Cool ! Je peux être la reine ?

Samuel a dit :

– On pourrait aussi faire un film de science-fiction avec des robots et
₁₀ des drones ! On pourrait programmer les robots pour…

Mais Camille n'a pas aimé. Elle a demandé :

– Mais si c'est seulement avec des robots, il n'y a pas de rôle principal ?

On a discuté un moment. Tout le monde a donné plein d'arguments. C'était difficile. Il y a eu une dispute entre Baptiste et Sèg. Des filles
₁₅ ont crié « Silence ! », et ça a fait encore plus de bruit.

Tout à coup, une grosse araignée très noire est descendue de la lampe. Elle est venue devant le nez de Camille, qui a sauté sur ses pieds et renversé son coca sur
₂₀ le tee-shirt blanc de Samuel.

Ça a calmé tout le monde, et j'ai profité de ce moment pour dire :

– On pourrait peut-être faire un film d'horreur ?

Il y a eu un silence. Tout le monde m'a regardé.
₂₅ L'araignée est partie.

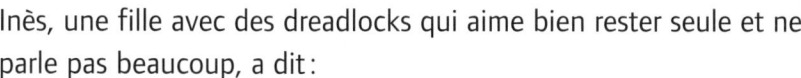

Inès, une fille avec des dreadlocks qui aime bien rester seule et ne parle pas beaucoup, a dit :

– Je crois que c'est une bonne idée.

Et tout à coup, les autres ont été d'accord aussi. Ouf ! Nous avons
₃₀ trouvé la solution pour le style de film. Maintenant, il faut encore qu'on trouve une idée pour le thème.

L'Ankou

M. Mézec n'a rien dit pendant la discussion. Mais quand on a été
d'accord sur le style de film, il a parlé avec une voix très calme :
– Vous êtes nouveaux ici. Vous ne connaissez pas encore la Bretagne.
Vous allez découvrir ses histoires et ses légendes. Il y a beaucoup de
5 légendes ici. Par exemple, l'Ankou… Vous connaissez l'Ankou ?

Tout le monde a écouté M. Mézec. On n'a pas fait de commentaire.
On n'a pas rigolé. Même Samuel qui adore rigoler n'a pas fait de
blagues. C'était bizarre. M. Mézec est bizarre. Sa voix aussi est
bizarre. Elle est trop calme. Elle fait un peu peur. Je ne sais pas
5 pourquoi, mais à la fin, j'ai pensé que c'était lui, l'Ankou.

Une journée à Brasparts

Aujourd'hui, il a fait très beau, et nous avons fait une sortie à Brasparts à vélo avec Vincent et Morgane, mes deux animateurs. L'idée, c'était : tester les caméras et trouver un bon décor pour notre film.

5 M. Mézec a pris sa voiture pour transporter le matériel.
On l'a retrouvé sur le parking à l'entrée du village.
On a marché dans le village et on a cherché des endroits cool pour notre histoire.

Inès est montée sur un arbre pour filmer l'Ankou sur la maison.

Sèg a filmé Baptiste près de la route qui va vers les Monts d'Arrée (= l'endroit idéal pour un fan du Hobbit comme lui !).

Camille a fait des selfies romantiques dans le vieux cimetière.

Moi, j'ai filmé trois fois l'horloge sur la tour de l'église : avant midi, à midi pile, et après midi, comme dans un western que j'ai vu.

Samuel a programmé son drone pour prendre des vues aériennes. Je ne vous ai pas encore dit que Samuel est un grand fan de drones ! Il utilise ses heures de temps libre pour tester son drone. Il faut être fou !

Des images bizarres

Voici le parcours du drone de Samuel :

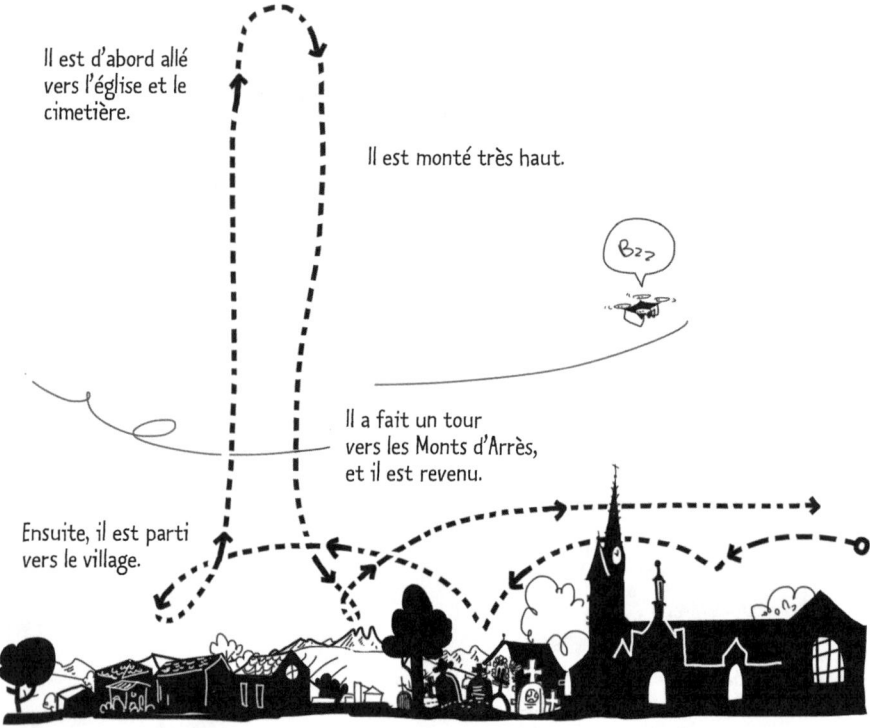

Il est d'abord allé vers l'église et le cimetière.

Il est monté très haut.

Bzz

Il a fait un tour vers les Monts d'Arrès, et il est revenu.

Ensuite, il est parti vers le village.

Tout le monde a trouvé ça cool, mais tout à coup, M. Mézec est arrivé, super énervé :

– Qu'est-ce que vous faites ? Vous ne savez pas que les drones ne
5 sont pas autorisés dans les villages ? Samuel ! Arrête ça tout de suite !
Samuel a répondu « Oui Monsieur », le drone est descendu, et on est partis. Mais ça a cassé l'ambiance. Pourquoi est-ce que M. Mézec a réagi comme ça ?

Heureusement, on est rentrés à vélo avec Vincent et Morgane.

10 Au centre, nous avons repris nos caméras et nous sommes allés dans le jardin pour regarder nos petits films. Même si on n'a pas encore le scénario, on peut déjà imaginer un film d'horreur dans ce décor !

Le portable de Camille est tombé quand elle a pris un selfie! Camille déteste ces images du film parce qu'elle trouve qu'elle n'est pas belle dessus, mais moi, je trouve qu'elle est parfaite pour un film d'horreur!

C'est un tableau avec cinq moines (et une araignée!) qu'on a filmé dans l'église. J'aime bien l'ambiance!

Le drone de Samuel a filmé une femme en bikini dans son jardin! Elle est énervée! C'est peut-être pour ça que Mézec a fait une crise!

Le village vu du ciel. C'est joli, non?

Mais tout à coup, Sêg a remonté ses lunettes sur son nez, elle a repris sa caméra, elle a cliqué, zoomé, recliqué et elle a dit:
– Attendez… Il y a un truc bizarre, là, vous ne trouvez pas?

On a regardé. D'abord, on n'a rien vu. Il y avait surtout beaucoup de pixels sur l'écran. Sèg a insisté :

– Mais si, regardez !

Et là, j'ai vu. C'était clair. Sur les images du cimetière et sur la vue de
5 Brasparts, on voit le même dessin ! Un symbole mystérieux !

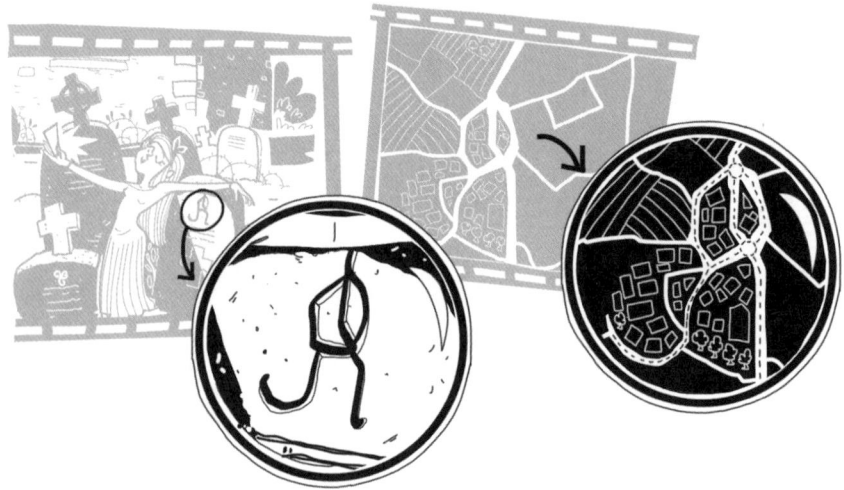

Tout à coup, tout le monde a parlé en même temps.

Enfin… Tout le monde, sauf Sèg. Elle a remis ses lunettes sur son nez, et elle a continué son enquête. D'abord, on a trouvé ça bizarre, mais on a fait comme elle. On a regardé encore une fois nos films.
10 Avance. Stop. Avance. Stop. On a observé une image après l'autre. Et tout à coup, j'ai trouvé un truc.

14

– Regardez! Là!

Sur le vieux tableau que nous avons filmé dans l'église, on voit cinq moines qui marchent sur la route des Monts d'Arrée.

Et sur le film que Samuel a fait avec son drone, on voit aussi cinq moines sur la même route!

Les deux images correspondent parfaitement! Qui sont les moines sur le film de Samuel? On a l'impression qu'ils sont sortis du tableau! C'est vraiment bizarre!

5 Samuel a dit:

– Il faut regarder le film du drone encore une fois.

On va peut-être voir les visages des moines à un endroit…

Alors, tout le monde est allé près de Samuel pour regarder le film du drone. Mais au moment où les moines sont arrivés à l'entrée du

10 village, il y a eu un problème avec la caméra, et on n'a plus rien vu!

Zut! Sur les images suivantes, on voit seulement le ciel!

C'est trop dommage!

Les loups-garous de Thiercelieux

J'écris vite! Il arrive trop de choses incroyables dans cette colo!
Ce soir, on a joué à un jeu qui s'appelle Les loups-garous de
Thiercelieux. J'aime bien ce jeu parce qu'on doit fermer les yeux
presque tout le temps. Alors, on entend bien les bruits… les bruits
5 de la nature, les bruits du vent et les bruits des autres joueurs.
J'ai déjà joué pendant un séjour de ski il y a deux ans, mais
c'était avec ma classe, dans une auberge de jeunesse. Cette fois,
c'était différent parce qu'on était dehors et parce que je ne connais
pas encore bien les autres jeunes.
10 Les animateurs ont posé une petite bougie devant chaque joueur.
Quand le joueur est mort, on souffle la bougie.

Il n'y avait pas de lumière dans le centre. Seulement nos petites
bougies.
Vincent a organisé le jeu. Il m'a donné le rôle d'un loup-garou, c'est le
15 rôle que je préfère. Les autres loups-garous, c'était Samuel, Sèg, deux
garçons que je ne connais pas, et Inès.

16

Samuel a très mal joué, il a fait trop de bruit, et il a très vite perdu.
Sèg et les deux autres garçons ont perdu un peu après. Le jeu a duré
encore un moment. Quand les loups-garous ont dû ouvrir les yeux, on
était seulement deux, Inès et moi. J'ai voulu lui faire un petit salut,
5 mais à ce moment-là, elle a regardé la maison, et son visage a changé.
Elle est devenue blanche. Alors, j'ai aussi regardé dans cette direction.
Et j'ai vu.

Des lampes ont brillé au même moment dans quatre pièces du centre.
Pendant cinq secondes, la maison a ressemblé à une tête de mort,
10 puis elle est redevenue normale. C'était très bizarre. J'ai déjà vu ça
dans le film d'horreur «Amityville, la maison du diable».
Vincent n'a rien vu. Mais le visage d'Inès était terrible. Elle m'a fait
vraiment peur. Qu'est-ce qu'elle a eu?

Des portes et des mystères

Ensuite, plein de trucs sont arrivés très très vite. Je dois mettre mes idées dans l'ordre.

D'abord, le vent a soufflé des bougies. J'ai crié. Vincent a rallumé ma bougie. Nous avons continué le jeu. Mais très vite, les autres m'ont
5 trouvé et j'ai perdu aussi.

Quand j'ai regardé de nouveau la maison, il n'y avait plus de lumière mais l'image de la tête de mort est restée dans ma tête. Qu'est-ce que c'était ? Un effet spécial ? Un phénomène paranormal ? Premier mystère !

10 Inès a gagné le jeu mais quand j'ai voulu parler avec elle, elle est passée à côté de moi sans me regarder, et elle est rentrée très vite dans le centre. Ça ne m'a pas plu ! Quelle crâneuse ! Je suis entré dans le centre derrière elle pour comprendre !

Quand Inès est entrée dans la maison, M. Mézec est sorti. Pourquoi
15 est-ce qu'il était dans le centre, à cette heure et dans le noir ? Deuxième mystère !

J'ai attendu un peu, et je suis entré. Il faisait noir. D'abord, je n'ai pas vu Inès, puis, elle est sortie de la cuisine.
20 Il y avait un truc en métal dans sa main. Qu'est-ce que c'était ? Troisième mystère.

Le visage d'Inès était toujours terrible.
Je suis vite entré dans les toilettes : ouf,
elle ne m'a pas vu ! Quand je suis sorti
des toilettes, elle n'était plus là, mais

5 j'ai entendu un bruit et j'ai vu l'ombre
de ses dreadlocks dans l'escalier. Elle
est montée au deuxième étage. Je suis
monté derrière elle.
Elle est allée jusqu'au bureau des
10 animateurs. Avec l'objet en métal, elle a ouvert la porte, et elle est
entrée. Je suis resté dans le couloir, sans lumière. Tout à coup, j'ai
entendu un bruit de verre cassé. J'ai arrêté de respirer. Qu'est-ce que
c'était ? Quatrième mystère. Au même moment, quelqu'un a allumé
les lampes, et Vincent est arrivé. J'ai eu peur pour Inès et j'ai voulu
15 l'aider. Mais c'était trop tard pour la prévenir.

Alors, je suis allé vers Vincent et je lui ai raconté une histoire idiote :
– Il y a un problème d'eau dans les toilettes des garçons !
Il est venu avec moi pour regarder. Je lui ai montré des toilettes qui
sont cassées depuis le début du séjour. Bien sûr, il n'a rien pu faire,
20 mais on a gagné cinq minutes.

Quand nous sommes revenus dans le couloir, le bureau des anims était calme. Ouf! Inès est sûrement sortie par la porte du balcon! Il y a un escalier qui va dans la cour.

Ensuite, j'ai rencontré Sèg et j'ai dit :

5 – Tu veux m'aider? Il y a une énigme et je cherche la solution! On peut aller dans votre chambre?

Elle a tout de suite été d'accord! Pourtant, au centre, les garçons n'ont pas le droit d'aller dans les chambres des filles. Mais Sèg adore les aventures! Elle n'a même pas posé de questions!

10 Nous sommes vite montés au dernier étage et nous avons regardé dans la cour. Je n'ai pas vu Inès, mais tout à coup, Sèg a crié :

– Là! Regarde! Dans le parc! Il y a quelqu'un!

En fait, il y avait deux personnes. Je n'ai pas pu voir la première personne à cause d'un arbre, mais la deuxième... capuche à la Darth

15 Maul et coupe de cheveux à la «Breaking Bad»...

– C'est Monsieur Mézec! Qu'est-ce qu'il fait dans le parc à cette heure? C'était le cinquième mystère de la soirée! Sèg a remis ses lunettes sur son nez. Elle était très excitée.

À ce moment, quelqu'un a crié très fort «Au secours!». Qu'est-ce que

20 c'était?

Nous sommes vite revenus au bureau. C'était Morgane, notre anima- trice! Vincent était avec elle.

20

Quelqu'un est entré dans notre bureau!
L'armoire à pharmacie est cassée!
Quelqu'un a voulu voler des médicaments
mais il ou elle n'a pas réussi!

Morgane

Est-ce qu'Inès a voulu prendre les médicaments? Mais pourquoi?
Je ne comprends plus rien!
Tout le monde est venu dans le bureau des anims pour voir l'armoire à
pharmacie. Mais pas Inès. Morgane a dit:
5 – Il faut faire une enquête!
À ce moment, Vincent m'a vu et il a dit avec une voix sévère:
– Oui, on va vous poser des questions demain matin!
Je n'ai pas aimé son regard. Est-ce qu'il pense que je suis entré dans
le bureau des anims? Ce n'est pas possible!
10 J'ai dit à Sèg:
– Reste ici et observe bien!
J'ai voulu sortir du centre pour chercher Inès et peut-être aussi
M. Mézec dans le parc, mais c'était impossible parce que... M. Mézec
était devant la grande porte! Il m'a dit:
15 – Justin, qu'est-ce que tu fais là? Au lit!
Zut! J'ai dû aller vite dans ma chambre.

Une soirée qui ne finit pas

Maintenant, je suis dans mon lit, et je mets les évènements de cette
soirée dans l'ordre (heureusement, je porte toujours une montre).
Je réfléchis : le symbole à Brasparts, les moines des Monts d'Arrée,
la tête de mort au centre, Inès et l'armoire à pharmacie. Ça fait trop
5 de mystères. J'aimerais parler avec quelqu'un, mais les filles sont dans
leur chambre, Baptiste dort, et Samuel... Samuel, je ne sais pas. Il est
rentré après moi, à onze heures du soir, avec sa caméra Gopro sur la
tête... Il est allé dans son lit, et maintenant j'entends des bruits...
Qu'est-ce qu'il fait ? Dernier mystère ! J'ai l'impression qu'il envoie des
10 messages avec un portable, mais ce n'est pas possible, ce n'est pas
autorisé ! Zut ! Il m'a vu !

Endroit où j'ai vu
M. Mézec avec
quelqu'un à 22 h

Des vieux livres

Aujourd'hui, tout le monde est fatigué, il pleut et il fait froid, alors
on n'a pas voulu sortir. En plus, Morgane fait son enquête. On doit
aller dans son bureau les uns après les autres. Qu'est-ce qu'elle va me
demander ? Qu'est-ce que je vais lui dire ? Est-ce que Vincent va être
5 là ? Est-ce qu'il a dit à Morgane qu'il m'a vu près du bureau des anims
hier soir ? Est-ce que dois parler à Morgane de la maison transformée
en tête de mort ? Est-ce que je dois la prévenir pour Inès ?
Je ne sais pas. Elle va peut-être réagir comme ma mère et penser que
j'ai des hallucinations parce que je regarde trop de films d'horreur !
10 Je n'ai pas vu Inès depuis hier soir. Elle n'est pas venue au petit-
déjeuner. Cette fille est une énigme. Pourquoi est-ce qu'elle a réagi
comme ça quand elle a vu la tête de mort ? Qu'est-ce qu'elle a
cherché dans le bureau des anims ? Elle est peut-être accro aux
médicaments ? Mais Morgane a dit qu'on n'a rien volé dans l'armoire
15 à pharmacie !
J'aimerais parler à Inès mais comment parler avec une fille qui ne
vous voit même pas ?
Après le petit-déjeuner, M. Mézec nous a demandé de faire une
recherche sur les légendes bretonnes. Comme il y a seulement un
20 ordinateur dans le centre, il nous a donné des vieux livres comme au
Moyen Âge, Baptiste était super heureux ! Je suis allé dans son
groupe avec Samuel et Camille.

On a trouvé un endroit sympa sous l'escalier avec un vieux hamac et on a commencé à lire. Ça m'a plu. Il y a vraiment plein d'histoires qui font super peur, et je commence à imaginer un vrai film à la Alfred Hitchcock dans ce pays!

5 Tout à coup, Morgane est arrivée et elle a dit:

– J'ai fini mon enquête! Vous ne devez plus répondre à mes questions!

Camille a demandé:

– Alors? Tu sais qui est entré dans le bureau des animateurs?

Mais Morgane a mis le doigt sur sa bouche comme Samuel hier soir
10 et elle a dit:

– Chut, c'est un secret!

Ensuite, elle est partie, très heureuse!

Vers 10 h 30, Inès est arrivée dans notre groupe. Le truc de fous: elle n'était plus blanche comme un fantôme, elle a même rigolé!
15 Qu'est-ce qui est arrivé à Inès? Elle a l'air heureuse! Super heureuse même! Je ne comprends toujours rien à cette histoire!

J'ai voulu travailler, mais c'était difficile. J'ai tout mélangé dans ma tête: les légendes, l'Ankou, la colo transformée en tête de mort, Inès... Et puis tout à coup, Inès a dit:
20 – On pourrait dessiner une grande carte des légendes de Bretagne avec les meilleures histoires?

C'était une bonne idée. On a demandé une grande feuille de papier à Vincent, tout le monde a raconté sa légende préférée et Inès a dessiné. Elle dessine super bien. Quand on regarde la carte, on pense
25 «Ils sont vraiment fous, ces Bretons!».

À la fin, j'ai pris le feutre d'Inès et moi aussi, j'ai dessiné un petit truc à l'endroit où est notre centre. Un truc très petit. Inès l'a vu.

Et après, elle m'a regardé pour la première fois. Enfin!

La carte des légendes bretonnes

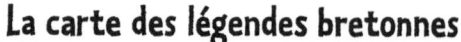

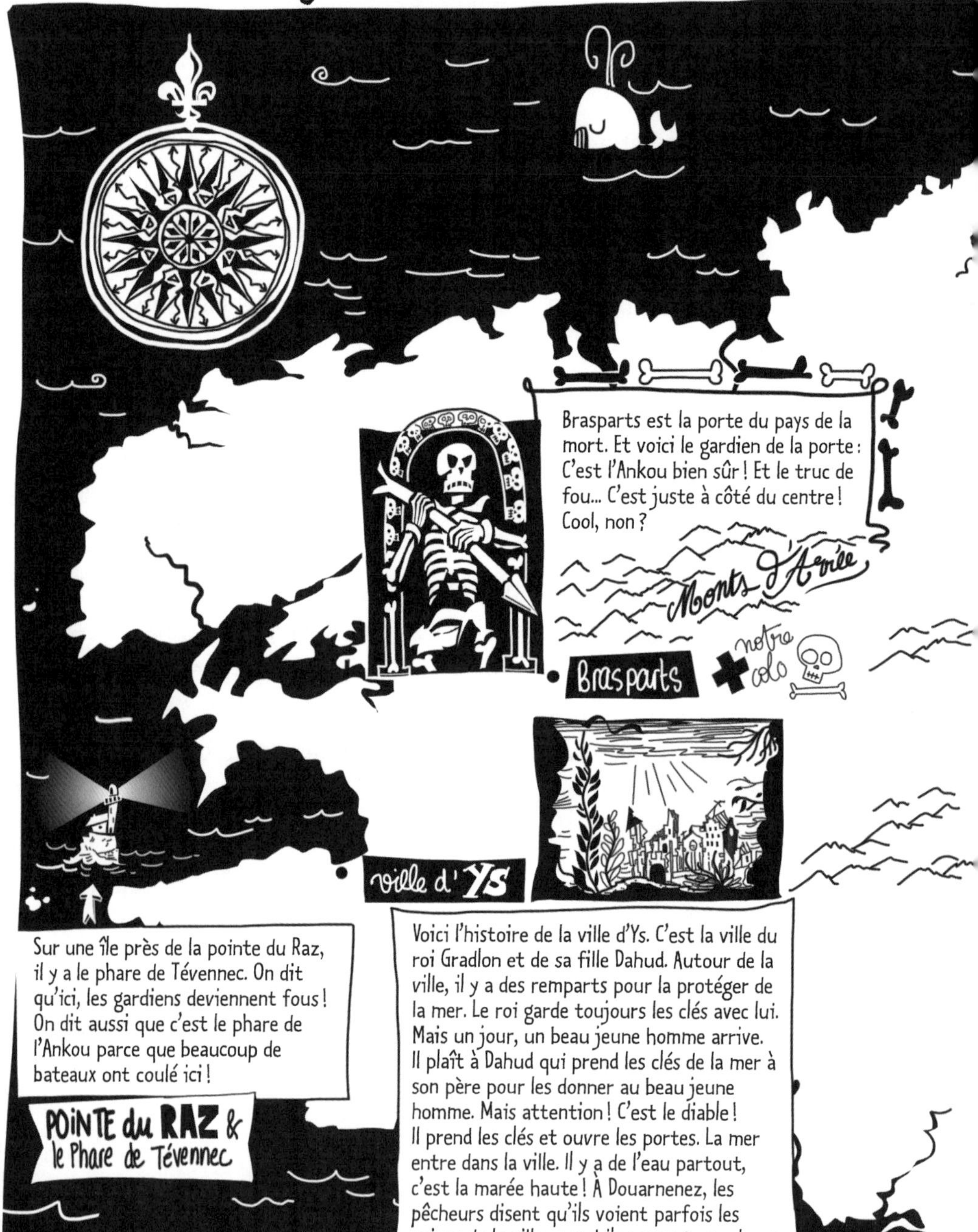
Brasparts est la porte du pays de la mort. Et voici le gardien de la porte : C'est l'Ankou bien sûr ! Et le truc de fou... C'est juste à côté du centre ! Cool, non ?
Monts d'Arrée
Brasparts
notre colo
ville d'YS
Sur une île près de la pointe du Raz, il y a le phare de Tévennec. On dit qu'ici, les gardiens deviennent fous ! On dit aussi que c'est le phare de l'Ankou parce que beaucoup de bateaux ont coulé ici !
POINTE du RAZ & le Phare de Tévennec
Voici l'histoire de la ville d'Ys. C'est la ville du roi Gradlon et de sa fille Dahud. Autour de la ville, il y a des remparts pour la protéger de la mer. Le roi garde toujours les clés avec lui. Mais un jour, un beau jeune homme arrive. Il plaît à Dahud qui prend les clés de la mer à son père pour les donner au beau jeune homme. Mais attention ! C'est le diable ! Il prend les clés et ouvre les portes. La mer entre dans la ville. Il y a de l'eau partout, c'est la marée haute ! À Douarnenez, les pêcheurs disent qu'ils voient parfois les ruines de la ville quand ils passent avec leurs bateaux...

Saint-Malo est une cité corsaire. Ça veut dire que beaucoup de corsaires ont habité là. Surcouf, par exemple, est un corsaire célèbre... Un type pas très sympa, qui a travaillé pour le roi de France mais qui a tué plein de gens ! Beurk !

SAINT MALO

COMBOURG

Un écrivain célèbre a habité dans ce château au bord du lac. Dans ses livres, il parle de ses souvenirs. Je vous raconte l'histoire. Il dort seul dans une tour du château. Il entend le vent. Il entend la pluie. Il entend des fantômes. Le fantôme d'un vieil oncle avec une jambe de bois et le fantôme d'un chat noir qui crie pendant la nuit. Il a peur. Il est traumatisé pour la vie. C'est horrible.

La Dame BLANCHE

Ici, il y a très longtemps, une jeune fille est morte. Elle est morte, mais elle revient souvent, surtout la nuit. Elle a une longue robe blanche et des longs cheveux blonds. C'est la dame blanche de Trécesson.

La Forêt de Brocéliande

Voici la forêt de Brocéliande.
C'est la forêt de Merlin et de la fée Vivienne.
Vous connaissez ? Ici, il y a plein d'endroits magiques. Par exemple, le Val sans retour.
On dit que les hommes qui ne sont pas fidèles en amour ne peuvent plus partir de cet endroit, et restent pour toujours dans la forêt. Vous voulez tester ?

La carte des légendes bretonnes   27

La balade autour du lac

À midi, Sèg m'a parlé. Elle a son idée sur M. Mézec : il prend des médicaments, elle l'a vu ! Alors, elle pense que l'armoire à pharmacie, c'était lui.

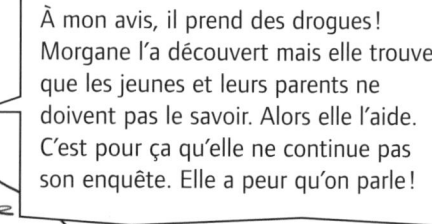

> À mon avis, il prend des drogues ! Morgane l'a découvert mais elle trouve que les jeunes et leurs parents ne doivent pas le savoir. Alors elle l'aide. C'est pour ça qu'elle ne continue pas son enquête. Elle a peur qu'on parle !

L'idée de Sèg est intéressante, mais moi, je suis sûr que c'est Inès qui
5 est entrée dans le bureau des anims. Je ne l'ai pas dit à Sèg.
Inès ne doit pas avoir de problème à cause de moi !
La pluie a continué jusqu'au soir. Le groupe est sorti sans Inès pour marcher un peu autour d'un lac, qui est près du centre.
Dans nos têtes, il y avait plein de brouillard et plein de légendes, on a
10 vu des trucs terribles tout le temps.

C'est la voiture de l'Ankou ? Non, ce sont des touristes qui font du cheval sous la pluie autour du lac.

C'est la dame blanche de Trécesson ? Non, c'est un arbre !

À un moment, j'ai vu un oiseau noir sur un rocher comme dans le film de Hitchkock. J'ai voulu prendre une photo, mais bien sûr, mon portable était au centre, dans le bureau des animateurs !
Je déteste ces règles ! Je suis resté un moment pour le regarder.

5 Tout à coup, j'ai entendu un bruit derrière moi. L'oiseau noir a eu peur et il est parti ! J'ai tourné la tête. Inès était là.
Elle m'a demandé :

– Tu as dessiné une tête de mort sur la carte des légendes, pourquoi ?

– Parce que toi et moi, on a vu la même chose, hier soir…

10 Elle est devenue blanche de nouveau.

– Tu… Tu as vu la tête de mort aussi ?

– Oui.
Elle a réfléchi.

– Et tu… tu sais d'où… d'où ça vient ?

15 – Non.
Elle m'a regardé.

– Et pour le bureau des animateurs, tu sais aussi ?

– Je sais que c'était toi, mais je n'ai pas compris pourquoi.

Un message du frère d'Inès

Inès a montré un banc près d'un rocher.

On a pris place. Elle n'a pas parlé tout de suite, alors j'ai demandé :
– Tu as voulu prendre des médica-
5 ments ?
Elle était très étonnée.
– Des médicaments ? Non ! L'armoire à pharmacie, c'était un accident ! J'ai voulu prendre une chaise, mais près
10 de la chaise, il y avait la planche de surf de Vincent, et elle est tombée sur l'armoire à pharmacie, voilà !
On a rigolé. Inès est meilleure dans les rôles comiques que dans les rôles
15 tragiques ! Après une petite pause, elle est redevenue sérieuse :

– Non, je suis allée dans le bureau des anims pour chercher mon portable !
Je n'ai pas compris.
20 – Ton portable ?
– Oui.
J'ai attendu. Elle a cherché ses mots et puis elle a continué.
– En fait… Mon frère est très malade. Alors… Je ne sais pas com-
ment te dire… Quand j'ai vu la tête de mort sur la façade du centre,
25 j'ai pensé… j'ai pensé…
Elle n'a plus rien dit, mais j'ai compris. J'ai vu ça dans plein de films.
Quand une personne est morte, elle envoie des messages para-
normaux à une personne qu'elle aime. À une personne vivante.
Maintenant, je comprends : quand Inès a vu la tête de mort, elle a
30 pensé que c'était un message de son frère. Elle est devenue blanche
parce qu'elle a pensé que son frère était mort.

– J'ai eu très peur! J'ai voulu appeler ma famille, avoir des nouvelles!
J'ai pensé que… c'était la fin, tu comprends?!
J'ai seulement fait oui avec la tête et j'ai attendu la phrase suivante.
– J'ai pris mon portable dans le bureau des anims, et j'ai trouvé un
5 message de ma famille! Mais ce n'était pas une mauvaise nouvelle!
C'était une bonne nouvelle: mon frère va bien, il n'est plus dans
le coma! Tu imagines? C'est fou!
C'était fou, oui. C'est pour ça qu'Inès était heureuse ce matin.
Et Morgane était heureuse aussi parce qu'Inès lui a tout raconté.
10 J'ai réfléchi.
– Mais la tête de mort alors, c'était quoi?
Inès a répondu:
– Je ne sais pas. Je sais seulement que ce n'était pas mon frère!
Quand nous avons retrouvé le groupe, le soleil est arrivé, la nature
15 a eu l'air normal et nous n'avons plus vu de fantômes! Par contre,
nous avons fait un concours de grimaces devant la caméra Gopro
de Samuel.

Justin, l'idiot
du village

Sèg, la femme-
corsaire folle qui
adore le sang!

Vincent, le clown fou qui a quitté
le cirque et cherche une victime!

Le scénario qui fait peur

Le soir, nous avons imaginé un scénario pour notre film. Ce n'est pas encore fini mais on voit l'idée.

Un homme a été gardien pendant un an au phare de Tévennec.

Maintenant, il rentre chez lui.

Il lui arrive des trucs bizarres.

Miaou !

TIENS, UN CHAT NOIR ...

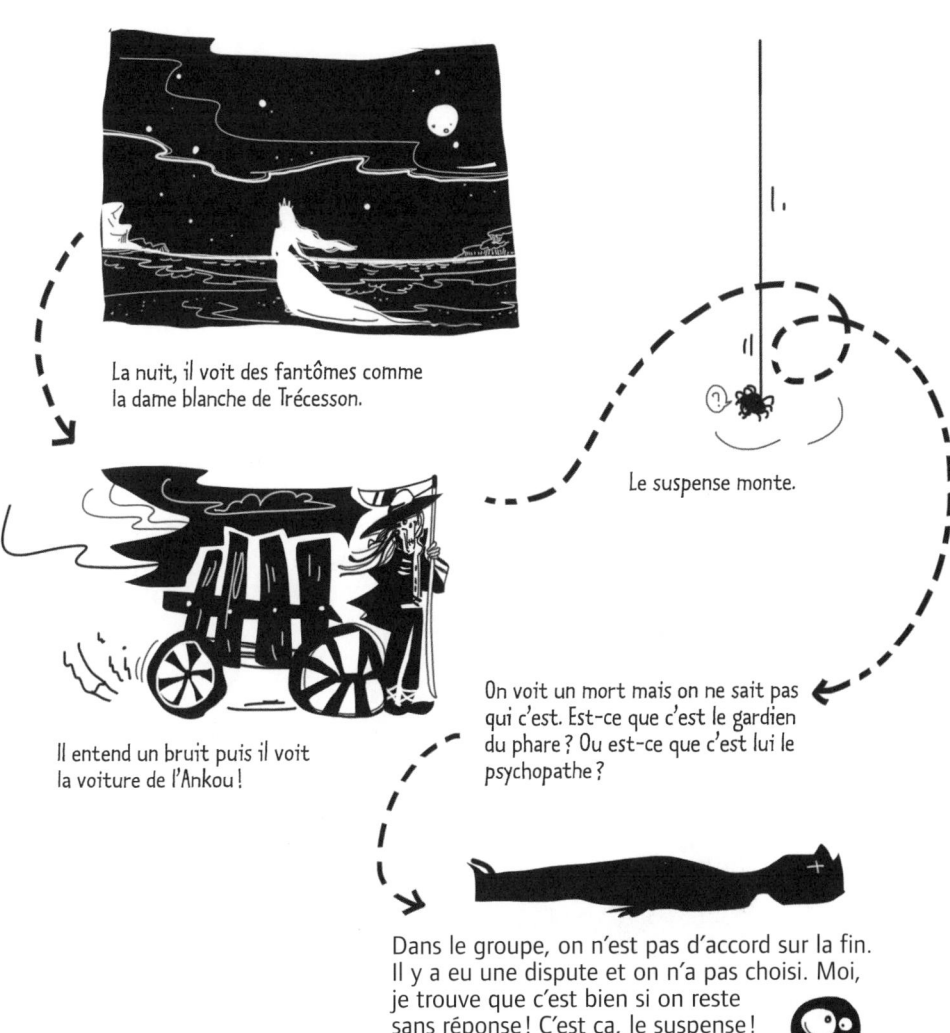

La nuit, il voit des fantômes comme la dame blanche de Trécesson.

Le suspense monte.

Il entend un bruit puis il voit la voiture de l'Ankou !

On voit un mort mais on ne sait pas qui c'est. Est-ce que c'est le gardien du phare ? Ou est-ce que c'est lui le psychopathe ?

Dans le groupe, on n'est pas d'accord sur la fin. Il y a eu une dispute et on n'a pas choisi. Moi, je trouve que c'est bien si on reste sans réponse ! C'est ça, le suspense !

Par contre, pour les mystères de la vraie vie, j'aimerais bien avoir des réponses… Est-ce que c'est un hasard si le symbole sur la tombe correspond au dessin des routes ? Est-ce que nous avons imaginé les moines, ou est-ce qu'ils existent vraiment ? Et la tête de mort ?
5 Est-ce qu'Inès et moi avons eu une hallucination ? Ou est-ce qu'un truc bizarre est vraiment arrivé hier au centre ? Je voudrais comprendre.

Docteur Yann et Mister Mézec

Aujourd'hui, M. Mézec nous a expliqué comment on utilise le
programme pour faire le montage. C'était facile et intéressant à la
fois. M. Mézec peut aussi être sympa. Depuis aujourd'hui, je l'appelle
même par son prénom : Yann ! Il faut dire qu'il a deux visages diffé-
5 rents comme Docteur Jekill et Mister Hyde. Je ne sais pas si je l'aime
ou si je ne l'aime pas.

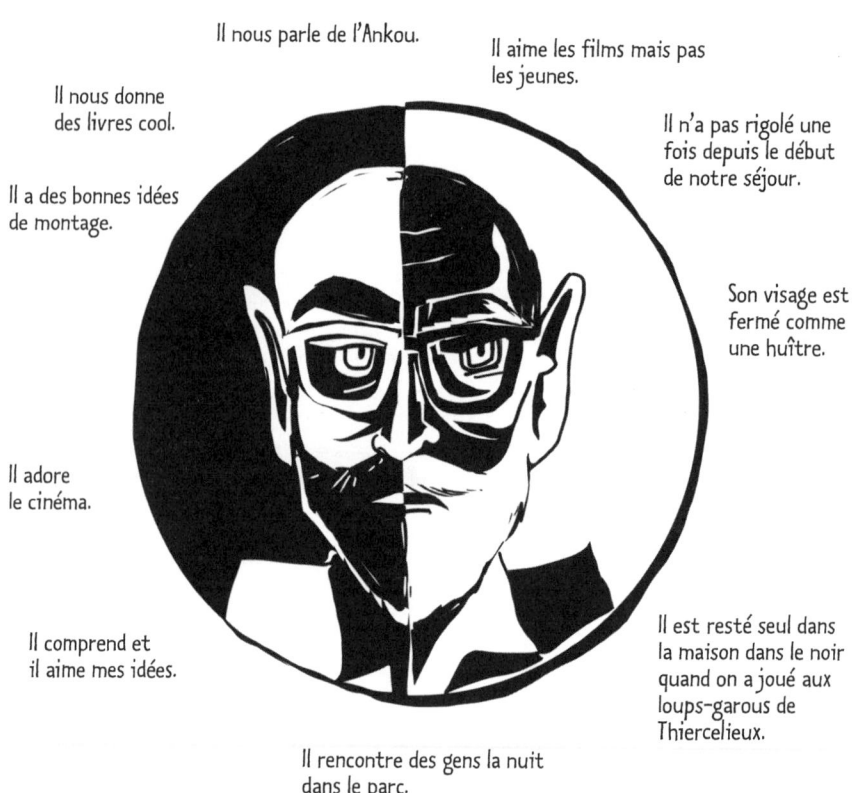

Il nous parle de l'Ankou.

Il aime les films mais pas les jeunes.

Il nous donne des livres cool.

Il n'a pas rigolé une fois depuis le début de notre séjour.

Il a des bonnes idées de montage.

Son visage est fermé comme une huître.

Il adore le cinéma.

Il comprend et il aime mes idées.

Il est resté seul dans la maison dans le noir quand on a joué aux loups-garous de Thiercelieux.

Il rencontre des gens la nuit dans le parc.

Est-ce qu'il joue avec nous ? Est-ce qu'il veut nous faire peur pour rigoler ? Ou est-ce qu'il a vraiment un secret ? Comme dit Sèg, notre détective préférée « Nous devons observer la situation ! »

On n'a pas dû attendre longtemps. Il est encore arrivé un truc bizarre
5 avec M. Mézec, ce soir. Voici l'histoire !

On a fait un jeu, j'ai parié contre Vincent une bouteille de coca et j'ai gagné. Il m'a donné les clés de la cave et m'a dit :

– Tu peux aller chercher une bouteille !

D'habitude, les jeunes ne vont pas à la cave. J'ai pu ouvrir la porte
10 sans problème mais je n'ai pas trouvé l'endroit pour allumer la lampe. Alors, j'ai marché dans le noir. Heureusement, il y avait un peu de lumière de la cuisine. Tout à coup, j'ai vu un truc mystérieux :

À ce moment, j'ai entendu quelqu'un. J'ai seulement eu le temps de mettre un papier dans ma poche et M. Mézec est arrivé.
15 – Justin ! Qu'est-ce que tu fais encore là ?

– Je suis venu pour prendre une bouteille de coca. Vincent est d'accord. J'ai vite pris une bouteille et je suis remonté. Et lui ? Qu'est-ce qu'il fait dans la cave ? C'est bizarre. Quand je suis parti, je crois qu'il a rangé les trucs par terre ! M. Mézec est toujours là quand il y a un
20 truc qui n'est pas normal ! Je me demande vraiment quel est son rôle dans cette colo !

Une énigme avec des lettres

Quand je suis revenu dans la salle à manger, j'ai rencontré Inès. On était seuls pour la première fois depuis la balade autour du lac. J'ai voulu lui dire un truc sympa mais je n'ai pas réussi… Avec les filles, c'est un peu comme avec les films : je suis un bon spectateur, mais
5 un mauvais acteur ! Heureusement, il y avait la bouteille de coca. Nous sommes sortis pour la boire ensemble dans la cour et je lui ai montré la feuille. Il y avait des lettres, un schéma bizarre et… une tête de mort !

– Qu'est-ce que ça veut dire ?
10 Inès a réfléchi :

– Les lettres C + SaM, ça peut être Camille et Samuel…

Ce n'était pas idiot. J'ai dit :

– Alors, B + SG, ça peut vouloir dire
15 Baptiste et Ségolène !

– Avec une tête de mort ? C'est bizarre ! Quand on écrit des lettres comme ça, c'est plutôt avec un cœur !

D'habitude, j'aime bien les histoires qui font un peu peur, mais là,
20 trop, c'est trop !

– Inès, on doit les prévenir, ce n'est plus un jeu, c'est trop sérieux ! Nous sommes allés les chercher. On n'a pas trouvé Samuel, mais Ségolène, Baptiste et Camille sont venus tout de suite dans notre endroit préféré sous l'escalier. On leur a expliqué la situation. Ils ont
25 regardé la feuille. Baptiste est resté cool :

– C'est comme un message secret… Les anims ont peut-être préparé une chasse au trésor pour demain ?

Mais Sèg n'a pas trouvé l'idée super :

– Alors où est la cache pour le trésor ? Je ne comprends pas.
30 Camille a eu une autre explication. Une explication romantique.

– Quelqu'un pense peut-être que j'aime Samuel et que Baptiste aime Ségolène. Cette personne n'est pas contente. Elle a dessiné une tête de mort parce qu'elle est jalouse !

J'ai trouvé ça intéressant :

5 – Tu veux dire un ou une psychopathe qui n'aime pas les amoureux ? C'était un bon thème pour un thriller mais Camille n'a pas trop aimé. Ségolène a pris la feuille, elle a réfléchi, et tout à coup, elle a dit :

– Mais non !

– Quoi, non ?

10 – SG, ce n'est pas normal pour mon nom. On m'appelle Ségolène ou Sèg, mais pas SG ! SG, ça veut dire autre chose !

Là, on a vraiment vu notre Sherlock Holmes en action :

Vous voyez, dans SaM, il y a des petites et des grandes lettres. Pourquoi ? À mon avis, ça veut dire autre chose, mais quoi ?

Justin, tu dis que tu as vu des fils électriques à côté de la feuille de papier. Il y a peut-être un rapport… si c'est un schéma électrique.

Ah ! Je sais ! Les lettres sont les premières lettres des pièces du centre. SaM, c'est salle à manger, C, c'est cuisine…

«B, c'est bureau», a dit Baptiste. «Et SG, c'est la salle de bains des garçons !», a continué Sèg. C'était incroyable ! Sèg ne joue pas seule-

15 ment à la détective, c'est une détective ! Mais ce n'était pas encore assez pour Camille :

– D'accord, ça veut dire cuisine, bureau, salle à manger et salle de bains des garçons, et après ? Pourquoi est-ce qu'il y a une tête de mort à côté du schéma ?

Atelier montage

Là, j'ai regardé Inès qui m'a regardé aussi et nous avons compris :
c'était le schéma électrique pour transformer le centre en tête de
mort ! Avec ce schéma, une personne peut allumer quatre lampes à
la fois dans des endroits différents ! Super effet spécial !

5 Nous avons raconté l'histoire depuis le début aux autres, et bien sûr,
Sèg a trouvé ça génial.

C'était hier.

Depuis, notre enquête

n'a pas avancé d'un millimètre.

Maintenant, il faut encore trouver qui a fait ça !

10 Par contre, notre film avance super bien !
Ce matin, nous avons fait deux groupes.
Un groupe « montage et effets spéciaux » avec Samuel,
Sèg et moi, et un groupe « son et musique » avec Baptiste, Camille et
Inès. Le groupe « son et musique » a bien rigolé : ils ont imaginé des
15 bruits assez drôles pour la bande-son.

Baptiste a pris la veste de
Camille pour faire le bruit
des oiseaux quand ils volent.

Avec une cuillère dans la
purée, Camille a fait le
bruit des pieds dans la terre
mouillée.

Avec le pied de la lampe, Inès
a fait le bruit de la montre
quand les aiguilles tournent.

Notre groupe, pendant ce temps, a choisi les images. Et je trouve
qu'on a bien réussi ! Les effets spéciaux viennent de Samuel, mais les
idées de montage sont de moi. J'ai beaucoup d'idées parce que j'ai vu
beaucoup de films ! Il faut que je pense à cet argument la prochaine
20 fois que ma mère dit que la télé, ce n'est pas créatif !

38

Par exemple, pour montrer que le gardien du phare est traumatisé après son séjour là-bas, on a filmé Baptiste devant une publicité pour Océanopolis, un grand aquarium près de Brest.

Ensuite, Samuel a transformé l'image avec un programme spécial. Et
5 maintenant, on a l'impression qu'un monstre de la mer va manger Baptiste! C'est cool, non?

Samuel est vraiment très fort: il sait programmer des trucs de fous.

On a aussi un Ankou qui rigole dans notre film: c'est cool, non?

Un bruit très spécial

C'est l'horreur! Il y a eu une dispute et tout à coup, j'ai perdu mes
copains! Pourquoi? Je ne comprends pas! C'est arrivé très très vite!
À 18 heures, tout le monde est parti chercher son portable, et Samuel
est sorti programmer son drone. J'ai trouvé ça nul. Moi, je suis resté
5 avec M. Mézec pour finir. Nous avons mis la bande-son et les images
ensemble. Notre film dure environ un quart d'heure. Je l'ai regardé
avec M. Mézec. Il est vraiment cool!
À 19 heures, j'ai quitté la salle avec M. Mézec, qui est allé manger.
Moi, je suis allé chercher une clé USB dans le bureau des anims.
10 Je suis revenu cinq minutes après, j'ai enregistré le film sur la clé,
j'ai mis la clé dans ma poche, et je suis allé manger aussi.
Après le repas, nous avons invité tout le monde à regarder notre film.
On a mis un projecteur dans la salle à manger, Vincent est allé
chercher son ordinateur, j'ai pris ma clé USB, j'ai cherché le film et j'ai
15 pressé sur Play. On a vu les premières images.

Mais tout à coup, on a aussi entendu un bruit, un bruit très fort et terrible pour les oreilles. Quelqu'un a demandé :
– Qu'est-ce que c'est ?
Et une autre personne a répondu :
5 – C'est l'Ankou !
Tout le monde a rigolé. Enfin non. Pas tout le monde. Baptiste et Inès ont très mal réagi. Baptiste a dit : – Justin a effacé notre super bande-son pour faire une blague un peu nulle avec l'Ankou !
Et Inès a ajouté :
10 – Allez, Justin, c'est bon, maintenant, remets la bande-son, ta blague a assez duré !
Le truc : ce n'était pas moi ! Je n'ai pas effacé la bande-son de Baptiste et Inès ! Je ne peux pas la remettre ! Je le leur ai dit, mais ils n'ont rien voulu entendre ! Qu'est-ce qu'ils imaginent ? C'est comme
15 dans un mauvais film !
Et cette fois, je suis sûr que M. Mézec n'a rien fait parce qu'il est sorti de la salle avec moi, et il n'est pas revenu.
Qui a mis ce bruit incroyable sur la bande-son ? Est-ce que nous FAISONS un film ou est-ce que nous SOMMES dans un film ? Et
20 surtout : qui essaie de parler à travers notre film ?

Une sortie aux Monts d'Arrée

Aujourd'hui, nous sommes allés aux Monts d'Arrée. C'était l'horreur!
D'abord, les copains ne me parlent plus. Ils pensent que je leur
raconte des histoires parce que je veux leur faire peur! Mais c'est
idiot!

5 Ensuite, il a plu au moins dix fois pendant cette journée! On a été
trempés! Et puis nous avons fait un parcours de vingt kilomètres à
pied! Mais ça, ce n'est pas vraiment la faute des anims!
Voici l'histoire:

16h15

14h30

Camille joue tout le temps à la princesse et à la star,
mais c'est une princesse qui n'a peur de rien! Nous
avons marché au moins deux heures. Il a encore plu. Il y
avait peut-être deux kilomètres entre les moines et
nous. Mais la vue était bonne et on a pu les suivre. Ils
ont marché près du lac du Drennec, et ils ont pris la
route de Sizun. C'était loin. Mais on a continué. Est-ce
que c'était des zombies? Est-ce que c'était des
hommes? Nous n'avons pas pu voir leurs visages avant
d'arriver à Sizun!

Camille